Kreatives Sticken
Bilderbuch

Vielfalt in 30 Bilder

von Edith Blöcher

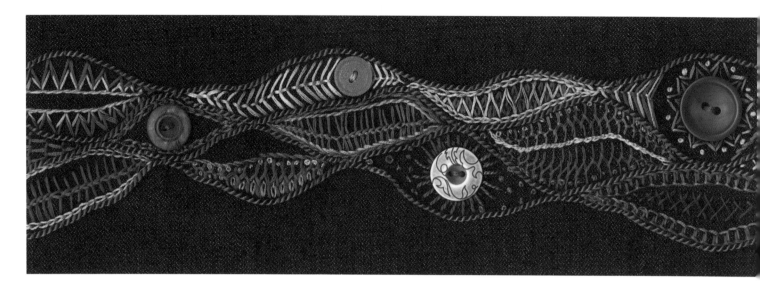

Inhaltsverzeichnis:

Schneebilder - Seite 4 bis 6

Maske - Seite 7

Spiel mit Linien - Seite 8

Frühlingswald in Kettenstichen - Seite 9

Aufgefilztes - Seite 10 + 11

Perlenstickerei - Seite 12

Mixed Media - Seite 13

Bäume in Durchbruchstickerei - Seite 14 + 15

Blumenwiese - Seite 16 bis 18

Seerosenteich mit Brücke - Seite 19

Ähren und Mohn - Seite 20

Freie Kreation - Seite 21

Korallen - Seite 22

Blaue Kreation - Seite 23

Am Strand - Seite 24

Apfelbaum - Seite 25

Überstickte Applikation - Seite 26 + 27

Plastisch gefilzt und bestickt - Seite 28

Herbstlicher Waldboden mit Pilz - Seite 29

Bäume im Nebel - Seite 30

Bestickter Druckstoff - Seite 31

Rote Kreation - Seite 32 + 33

Gestickte Bilder - Seite 4 bis 33

Textiles Buch - Seite 36 bis 36

Textile Box - Seite 37 bis 39

Über mich - Seite 40

Impressum:

Kreatives Sticken - Bilderbuch
Vielfalt in 30 Bildern
von Edith Blöcher

1. Auflage 2013

ISBN-13: 978-1484803912
ISBN-10: 1484803914

© 2013, Edith Blöcher
alle Rechte vorbehalten

Autor, Layout und Fotos:
Edith Blöcher
Grötzinger Str 71
D - 76227 Karlsruhe
www.handarbeitshaus.de
mailbox@handarbeitshaus.de
Tel 0049 721 404717

Herstellung:
On-Demand Publishing LLC
100 Enterprise Way
Suite A200
Scotts Valley, CA 95066
www.createspace.com
Druck:
Amazon Distribution GmbH,
Leipzig
Printed in Germany

Kreatives Sticken - ein Trend geht um die Welt

Die Fantasie kennt keine Grenzen wenn man traditionelle Stickstiche neu kombiniert und anwendet. Alles ist erlaubt! Etwas ausdrücken soll es, wirken soll es und vor allem: gefallen und Spaß machen soll es.

Lassen Sie sich von der Vielfalt der Möglichkeiten inspirieren! Schauen Sie sich dieses Buch an, sehen Sie eine Fülle von verschiedenen Ansätzen, was man machen kann.

Und fangen Sie dann an, Ihre Idee zu verwirklichen. Das kann ein einzelnes Bild sein bis hin zu einem Wandbehang in einer der Techniken. Oder vielleicht möchten Sie sich auch ein kreatives textiles Buch machen und so wie ich dabei alles mögliche ausprobieren bis man seine Vorliebe entdeckt.

Für mich war diese Stickarbeit der Einstieg ins kreative Sticken . Quasi ein Mustertuch an Variationen. Nach diesen kleineren und so verschiedenen Stickereien, habe ich nun ein paar Ideen im Kopf, was ich als große freie Stickerei als nächstes machen werde.

Die Stickerei der Motive ist ca 10 x 10 cm groß, jede Buchseite ca 20 x 20 cm. 10 x 10 cm sind recht schnell gestaltet, man kann wunderbar experimentieren. Am Ende des Buches zeige ich, wie ich die Buchseiten mache und wie die Seiten zu einem Leporello zusammengesetzt werden können. Zur Aufbewahrung dieses textilen Buches bastle ich noch eine Stoff bezogene Schachtel. Auch das sehen Sie am Ende des Buches.

Genießen Sie diese Stickereien, lassen Sie sich überraschen und inspirieren, und fangen Sie an und sticken Sie etwas noch fantasievolleres. Wer gerne ohne genaue Vorlage stickt, wird begeistert sein vom Freien Sticken.

Noch eine Anmerkung: Ich erkläre in diesem Buch nicht die einzelnen Stickstiche, ich gehe davon aus, dass jeder, der gerne stickt, entweder ein Buch mit Stickstiche besitzt, oder sie einfach sticken kann. Und wer Hilfe braucht: Es gibt schöne Bücher speziell für die Stiche und im Internet werden sie auch mehrfach erklärt, teilweise sogar mit Videoclip.

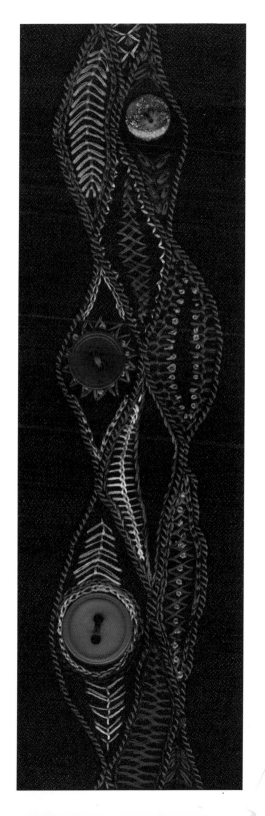

Wintergras

Schnee Applikation, Seidenbändchen gecrasht aufgenäht + kleine Perlen

Vogelhaus

Schnee Quilt - 2 Lagen Batist + Vlies, mit Ministiche gequiltet,
Knötchenstiche als Schneeflocken, Rand: gerafftes Seidenbändchen 13mm breit

Tauwetter

Schnee Filz, Schneeglöckchen gestickt mit Seidenbändchen
außen Kettenstichlinien

Venezianische Maske - Applizieren und Dekorieren

Applikation auf roten Samt, bestickt mit Goldgarn und Wachsperlen.
Perlen, Goldgarn und Spitze machen eine Stickerei edel.

Frühlingserwachen - Spiel mit Linien

Dargestellt mit Linien aus Kettenstiche, Stielstiche, Plattstiche. Pailetten, Perlen und Spitze sind der Pfiff. Das erste Grün sind Seidenbändchen. Ein guter Einstieg ins freie Sticken.

Frühlingswald - nur Ketten- und Knötchenstiche

Kettenstichreihen für den Stamm, einzelne Kettenstiche / Margeritenstiche unten quer für die alten Herbstblätter und Kettenstiche in grün für die Blütenblätter. Verwendet man Multiclorfarben wirkt die Stickerei noch lebendiger und man braucht nur 5 Farbtöne für dieses Motiv.

Für mehr Tiefe im Bild den Stamm halb hell, halb dunkel sticken und die „vorderen" grünen Stiche etwas größer als die „hinteren". Wenn es geht, nimmt man für die hinteren auch etwas helleres Garn.

Mit der Filznadel
aufgefilzt und bestickt

Tolle Effekte bekommt man durch Filzen und kinderleicht ist es auch. Man braucht dazu eine Filzunterlage, eine Filznadel und etwas Märchenwolle, das ist ungesponnene gefärbte Schafwolle. Egal ob auf Filzuntergrund oder auch Baumwollstoff kann man die Filzwolle auf den Stoff pieken und darin verankern.

Die Tulpen sind aus Zweigstichen, der Baum wieder aus Kettenstiche.

Das Häschen ist ein aufgeklebtes gestanztes Holzteil. Solche Fundstücke wie der Knopf und das Häschen als Dekoration und Bereicherung machen sich beim freien Sticken gut.

Perlenstickerei

Perlen kann man wunderbar mit Stickstiche kombinieren. Hier ein Spiel aus Linien und Bögen.
Mit Perlgarn 8 wird die Stickerei kräftiger als mit Sticktwist. Linien mit Sticktwist treten mehr in den
Hintergrund.

Mixed Media

Kreativ und frei werden die verschiedensten Elemente in die Stickerei eingebaut. Man kann Motive aufkleben, mit Stickstiche befestigen oder applizieren und dann nach Herzenslust darüber sticken..

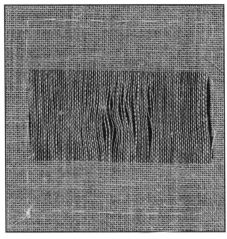

Kreative Druchbruchstickerei

Stickuntergrund ist 11fädiges Leinen

Zuerst zieht man Querfäden aus dem Gewebe, die Ränder rechts und links sind hier nicht versäubert.

Dann umwickelt man Bündel von Fäden mit Nähgarn, so dass es nach Bäumen aussieht.

Um mehr Äste zu bekommen, kann man von den ausgezogenen Leinenfäden 2 oder 3 Fäden um ein umwickeltes Fadenbündel legen und so einen neuen Ast nach außen führen.

In einem weiteren Durchgang umwickelt man die Bäume dicht mit braunem Stickgarn.

Das Blätterdach sind Knötchen und Margeritenstiche, der Bodenbereich ist überstickt mit ungleich großen Zickzackstichen. Farbige Knötchenstiche deuten Blumen an und ein paar Ghiordes Stiche Gräser.

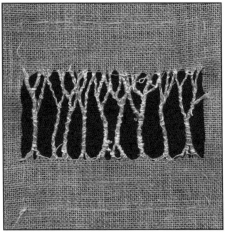

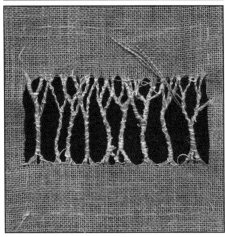

üppig gestickte Blumen

Blumen

Mit Blumen kann man natürlich viel machen, man kann eine Fläche üppig ausfüllen wie hier links, man kann eine Wiese darstellen wie auf dem nächsten Bild, man kann auch ein Bild eines Malers nachempfinden, wie der Seerosenteich angelehnt an Monet.

Was auch immer man an Blümchen sticken kann, kann man verwenden.

Für die Brücke hier auf dem Bild mit dem Seerosenteich werden 3 Fäden Perlgarn 5 locker von einer Seite zur anderen gespannt und und umwebt. Das Brückengeländer ist so gemacht, wie man auch ein Spinnennetz sticken kann: Die senkrechten Fäden werden zuerst gestickt und beiden langen weißen Fäden von links nach rechts dann um die senkrechten Fäden geknotet.

Auf Seite 20 ein Bild, bei dem ein Ährenfeld grafisch nachempfunden wird. Die Ähren sind im Ährenstich gestickt, der Mohn mit 7 mm breitem Seidenbändchen. Dafür wird ein Stück Seidenbändchen an einer Seite mit kleinen Vorstichen bestickt, gerafft und aufgenäht.

Das Blumenbild von Seite 21 ist eine mehr abstrakte Stickerei. Verschiedene grüne Garne werden gespannt und gewebt, die Blumen sind teils aufgenähte Blumen aus dem Bastelbereich + Perlen, teils sind die grünen Blättchen mit Seidenbändchen gestickt. Dazwischen wird Filzwolle mit der Filznadel aufgefilzt.

Blumenwiese

Seerosenteich mit Brücke

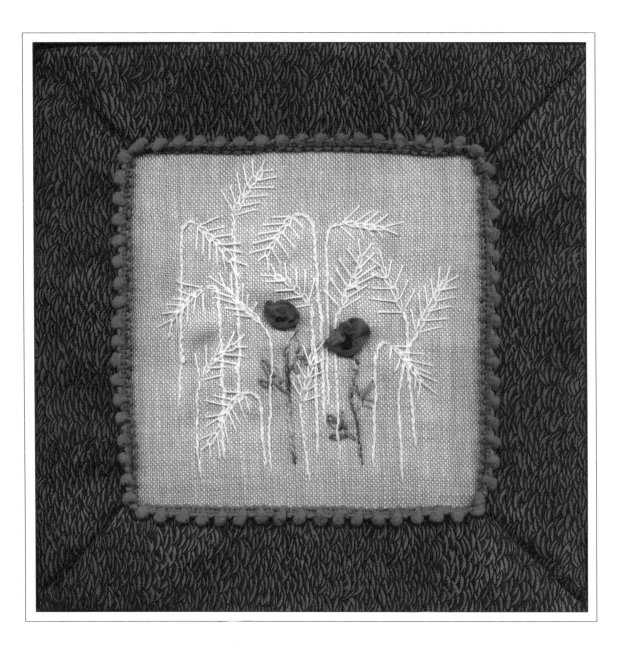

Ährenfeld mit Mohn

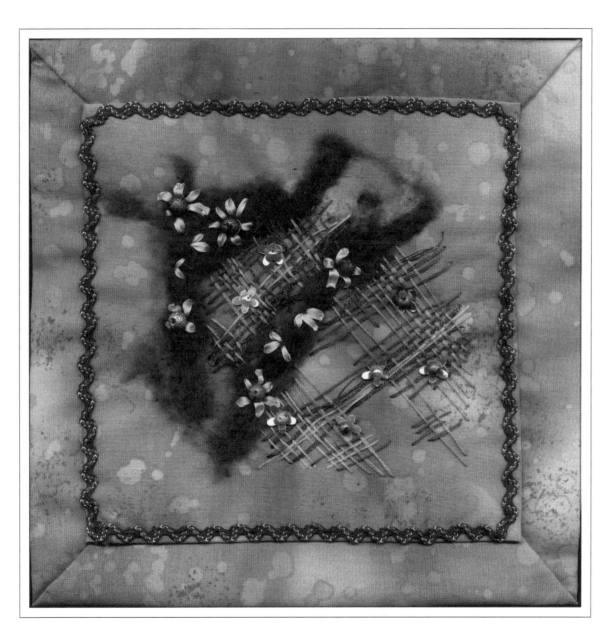

Freie Kreation mit Blumen, Weben und Filzen

Korallenriff

Untergrund sind verschiedene Stoffstückchen, Tentakeln aus Wickelstiche,
das blau gestickte im Hintergrund sind Langettenstich ineinander.

Blaue Kreation - Grüne Algen am Strand

Die grünen Algen sind lange Wickelstiche über dicke Glasperlen

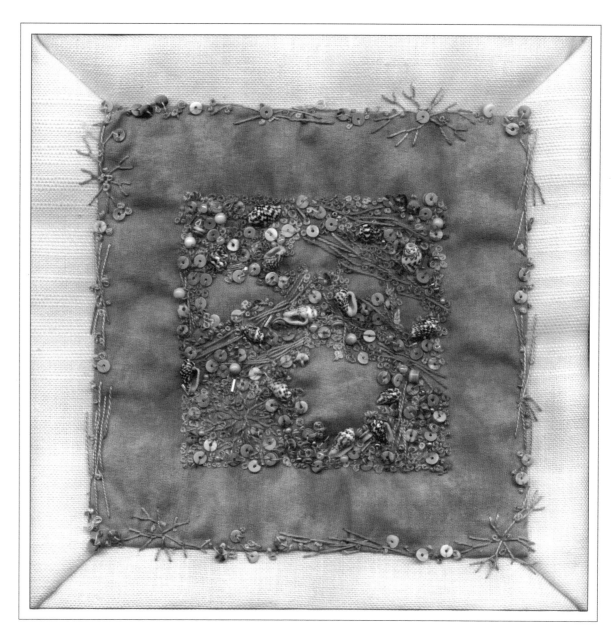

Strand

Zweigstiche, Federstiche, Perlmuttpailetten und echte kleine Schneckenhäuser von einer
Perlenkette und dazwischen kleine Perlen und Knötchenstiche.

Apfelbaum mit gewebtem Korb

Der Baum ist mit Kettenstichen und Margeritenstichen gestickt, die Äpfel sind kleine Kunststoffmotive, eigentlich aus dem Bereich von Nailart (Schmuckteile für Fingernägel).

Für den Korb werden zuerst die senkrechten Fäden gestickt und dann die waagrechten hinein gewebt.

Das Garn für Baum und Korb ist Perlgarn 8 in Multicolor.

25

Applizieren und übersticken

Einfache Formen werden aus Stoff ausgeschnitten, auf den Grundstoff gelegt und nach Belieben überstickt.

Wer es rutschfest mag, der zeichne zuerst das Motiv auf Vliesofix (bügelbares Klebevlies von Freudenberg), bügle das ausgeschnittene Vliesmotiv auf die Rückseite des Motivstoffes, schneide dann das Motiv aus und bügle das ausgeschnittene Motiv auf den Grundstoff.

Solch eine kreative Stickerei kann man auch gut mit Kindern oder Teenies machen, da man mit der Kombination von Applikation und wenig Sticken eine tolle Wirkung erzielt.

gefilzte Kürbisse

Die Kürbisse sind mit der Filznadel trocken gefilzt und mit einfachen Stichen bestickt.

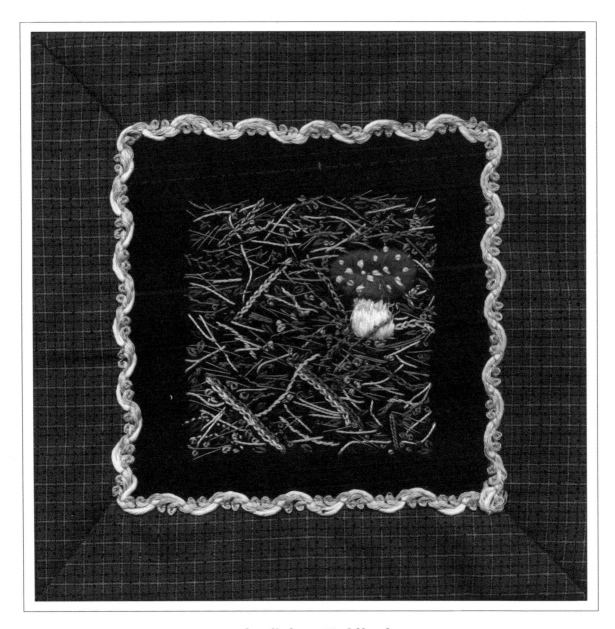

Herbstlicher Waldboden

Längere und kürzere gestickte Linien stellen die vielen kleinen Ästchen dar, die auf einem Waldboden liegen. Dazwischen Margeritenstiche als Blätter in Herbstfarben. Der Pilz ist aus Bastelfilz ausgeschnitten und völlig mit Plattstichen überstickt. Dadurch wird er plastischer.

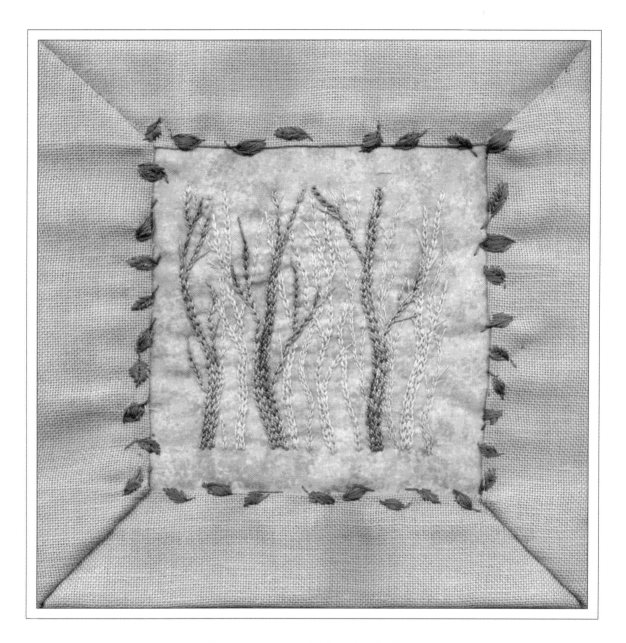

Novemberwald im Nebel

Mit kreativem Sticken kann man vieles versuchen nach zu empfinden, wie hier Bäume im Nebel. Eine gewisse räumliche Wirkung entsteht durch Überschneidung und dadurch, dass die vorderen Bäume in kräftigerer Farbe gestickt sind als die hinteren. Die Bäume ganz hinten sind zusätzlich mit dünnerem Faden gestickt.

Stoffmuster sticken

Mit passenden Farben und verschiedenen Stickstichen werden Motive auf dem Stoff ausgestickt.

Mit Stichen und Formen spielen

Immer wieder schön sind grafische Stickereien, die von Farben und Formen leben.

Mit Stichen und Formen spielen

Stickstiche, Seidenbändchen, Spitze, Knöpfe und Formperlen bilden eine üppige Kreation in rot,

Eine selbst gemachte, mit Stoff bezogene Box mit einem textilen Buch darin

So präsentiert sich die Stickerei zu diesem Buch. Wer das Handarbeitshaus in Karlsruhe-Durlach (Deutschland) besucht, kann die Stickarbeit in Natur anschauen. Auf den nächsten Seiten ist die Anleitung dazu

So werden die einzelnen Stickmotive verarbeitet:

Unter den Grundstoff der Stickerei wird ein dünnes Volumenvlies gebügelt (Vol 630 von Freudenberg zum Beispiel). Größe des Stickuntergrundes ca 15 cm im Quadrat.

Für das Rückteil jeder Stickerei wird ein farblich passendes Stück Stoff von 30 x 30 cm gerichtet. Mittig darauf wird ein etwas dickeres Stück Volmenvlies von 20 x 20 cm gebügelt. (zum Beispiel Vol 640 von Freudenberg).

Die Ränder werden umgeschlagen, Briefecken gefaltet und von Hand zugenäht. Die Stickerei kann nun oben drauf genäht werden oder die Ränder des Rückteils werden umgeschlagen und die Stickerei darunter geschoben. Mit Stickerei oder einer Borte werden die Übergänge verdeckt und das Bild umrahmt. Dabei immer darauf achten, dass die Nähte nur durchs Volumenvlies gehen und auf der Rückseite nichts von einer Naht zu sehen ist.

Verbindung der einzelnen Motive zu einem Leporello

Mit schwarzem Perlgarn 5 und einer kräftigen spitzen Sticknadel stickt man eine Schnürung wie bei einem Mieder oder wie man Schnürschuhe bindet.

Hier rechts ein Teil des fertigen Leporellos, unten der ausgebreitete Leporello.

Von hinten sieht man die Verkreuzungen, von vorn doppelte waagrechte Querstiche.

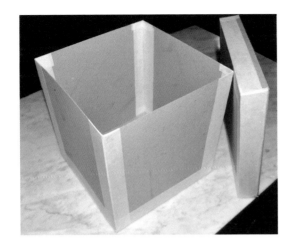

Stoffbezogene Schachtel

Kartonteile zuschneiden und mit Papierstreifen verbinden. Als Papierstreifen verwende ich nassklebendes / gummiertes Papier von der Rolle aus dem Buchbindebereich.

Die Größe der Kartonteile an Ihre Wünsche anpassen!

Meine Größen:
Für das Unterteil:
4 Wandteile je 23 x 23 cm,
Bodenteil knapp 23 x 23 cm - eventuell erst zuschneiden, wenn die Wandteile verbunden sind.
Zur Verstärkung:
Noch 1 Bodenteil von 22,3 x 22,3 cm für außen unten drauf, und eines innen drauf mit 22,5 x 22,5 cm;
noch 4 Wandteile für innen drauf von 22,5 x 22,5 cm

Für den Deckel:
Deckelteil ca 1 cm größer, also 24 x 24 cm. Ich verwende Jeansstoff, der ist dick, drum ca 1 cm größer, bei dünnem Stoff reichen auch gut 5 mm.
4 Teile Deckelrand 4 x 24 cm.
Ein weiteres Kartonteil für die Stickerei auf dem Deckel von ca 23,5 x 23,5 cm, das mit dem bestickten Stoff umklebt oben auf den Deckel geklebt wird.

Stoffzuschnitt: ca 1 m x 140 cm Jeansstoff mit Elasthan

Unterteil:
Ein langer breiter Streifen ca 5 cm höher als 23 cm Wandhöhe und gut so lang wie alle 4 Wandteile zusammen. Den besticke ich mit der Bordüre.
Die Teile zur Verstärkung werden einzeln auch mit Stoff umklebt, dafür jeweils Stücke von ca 25 x 25 cm zuschneiden.

Deckelteil:
Für den Deckelrand einen langen Streifen von 4 + 4 + 2,5 cm = 10,5 cm zuschneiden.
Stoffstück für den bestickten Deckel ca 29 x 29 cm (viel Spielraum, dass es keine unnötigen Probleme gibt.)

Zum Kleben verwende ich weißen Bastelleim mit einem Borstenpinsel aufgetragen. Und man braucht für solch eine große Schachtel richtig viel Leim, ca 500g.

Box bekleben

Unterteil:
Den langen bestickten Streifen rund um das Unterteil kleben, die obere Zugabe nach innen klappen und ankleben und die untere Zugabe auf den Schachtelboden kleben. Darüber einen Karton als Bodenverstärkung kleben, der etwas kleiner ist als der Schachtelboden, dass man ihn von außen nicht sieht.

4 Kartonteile mit Stoff bekleben und innen auf die 4 Innenseiten kleben. Wer mag kann auch noch ein 5. Kartonteil mit Stoff bekleben und innen auf den Schachtelboden kleben.

Deckelteil:
Den langen Streifen um den Deckelrand kleben, und zwar so, dass der Stoff innen am Deckel beginnt und außen noch bis auf den Deckel reicht.

Die Stickerei für den Deckel um einen separaten Karton kleben und auf den Deckel kleben.

Als ausführliche Anleitung gibt es ein kindle ebook zu dieser Box.

Das Deckelmotiv der Box

Zuerst umsteche ich das zukünftige Stickfeld, dann nähe ich die Knöpfe auf und umsticke sie.

Über mich

Sie haben dieses Buch in der Hand oder sehen die ersten und letzten Seiten in einer Vorschau. Dieses Buch ist ein kleiner Teil einer großen Stickleidenschaft.

Ich, die Autorin habe vor Jahren die Lehrer Ausbildung für Handarbeiten, Kunst und Mathematik gemacht. Schon im Teeniealter habe ich gerne gestickt. Nach dem Studium habe ich ein eigenes Handarbeitsgeschäft mit Schwerpunkt Sticken aufgebaut und arbeite dort bis jetzt im Jahre 2013, wo dieses Buch entsteht. Im Internet finden Sie es unter handarbeitshaus.de und besuchen können Sie das Geschäft in 76227 Karlsruhe-Durlach, Grötzinger Str 71 - das ist die B3, nahe am Ortsrand, ca 3 km von der Autobahnausfahrt Karlsruhe-Nord

Neben Laden und Versand schreibe ich sehr gerne Bücher und ebooks zu verschiedenen Sticktechniken.

Sticken ist ein wunderbares Hobby und eine uralte Kulturtechnik, die ich gerne weiter geben möchte, damit möglichst keine Sticktechnik in Vergessenheit gerät, ja mehr noch, dass sie weiter entwickelt werden. Meine Bücher zeigen die Technik und geben Impulse, dass jeder seinen Stil und seine Ideen verwirklichen kann.

Einige meiner Publikationen

Über den deutschen Buchhandel und auch über Amazon zu bekommen sind:

Crazy Quilt Sampler - Ein Buch über Stickstichkombinationen fürs Crazy Quilten

Romantische Borten selbst machen - Ein Buch wie man sich tolle Zierborten mit Sticken selbst machen kann. Es verkauft sich derzeit sehr gut, ist etwas besonderes.

Kleine Blümchen sticken, mit und ohne Seidenbändchen - Ein Buch wie man Blümchen mit Seidenbändchen stickt und mit Knötchenstiche, Kettenstiche, Wickelstiche und was es da so alles gibt. Es ist derzeit mein bestverkauftes Buch.

Daneben gibt es Bücher zum Thema Gerstenkornstickerei und Schattenstichstickerei und ebooks zu Ajour, Hohlsaum, Sashiko, Durchbruch, Kettenstichstickerei.

Auch in USA bei magcloud.com stehen mehrere Publikationen.

Schauen Sie sich unter meinem Namen Edith Blöcher bei Amazon um - Sie werden einiges entdecken und es kommt immer mehr dazu.

Printed in Poland
by Amazon Fulfillment
Poland Sp. z o.o., Wrocław

25607884R00025